In 27/16201

ABRÉGÉ

DE

LA VIE DE SAINT PHEBADE

ÉVÊQUE D'AGEN,

Second patron de l'église paroissiale de Venerque.

TOULOUSE,
IMPRIMERIE DE A. CHAUVIN,
RUE MIREPOIX, 3.
—
1859.

ABRÉGÉ

DE

LA VIE DE SAINT PHEBADE

ÉVÊQUE D'AGEN,

Second patron de l'église paroissiale de Venerque.

Saint Phebade, troisième evêque d'Agen, était un des plus illustres ornements du quatrième siècle; il fleurissait sous le pontificat de Tibère et sous l'empire de Constans et de Constance. L'Eglise, dans ce temps malheureux, fut exposée à la rage des Ariens : ces cruels ennemis de Jésus-Christ niaient qu'il fût de la même substance que le Père. Cette monstrueuse hérésie ne faisait déjà que trop de progrès, lorsque, pour les arrêter, Dieu suscita contre ces hérétiques la fermeté, le zèle et les lumières du grand saint Phebade. Il assista au fameux concile de Rimini avec plus de quatre cents évêques; et tandis que la foi se vit lâchement abandonnée par ceux qui étaient chargés de la défendre, saint Phebade l'arrêta sur le penchant de sa ruine, et défendit, avec un courage digne des premiers disciples de Jésus-Christ, toutes les vérités que le concile de Nicée avait canonisées : de peur qu'un intérêt sordide ne l'attachât au parti que favorisait l'empereur au préjudice de la bonne cause, il refusa, avec un désintéressement qui fit voir en lui le caractère distinctif des défenseurs de la vérité, tous les avantages dont l'empereur lui fit offre ; et dégagé de tout autre lien que de celui de la charité qui l'attachait à la foi de Jésus-Christ, il s'opposa avec vingt évêques à la formule frauduleuse que proposaient Arsace et Valens, qui avaient déjà attiré dans leur piége tout le reste des prélats qui composaient le concile.

Dieu n'accorda pas à notre saint une victoire aussi prompte que son courage le faisait espérer. Tout l'univers gémit de se voir arien, et saint Phebade eut tout l'univers à subjuguer. Le peuple d'Agen, ce peuple à qui l'accord de mille vertus mérita depuis le glorieux surnom de peuple du Sauveur, serait peut-être encore enseveli, avec le reste des nations, dans les ténèbres et dans l'erreur, si saint Phebade n'avait dissipé les épaisses ténèbres qui couvraient la face de la terre, dans un temps où l'on aurait eu à craindre que la foi manquât dans l'Eglise, si le Saint-Esprit n'avait promis qu'il serait avec elle jusqu'à la consommation des siècles. Notre saint dépouilla l'erreur de tout l'artifice dont les ariens se servaient pour l'envelopper; il mit dans tout son jour leur noire perfidie; et ces cruels tyrans de la foi trouvèrent leur tombeau dans un ouvrage qu'il composa contre eux, qui fut et l'admiration de tous les peuples et le fléau des ennemis de Jésus-Christ et la voix qui rappela à lui ceux que l'esprit de mensonge avait éloignés. Saint Jérôme donne à cet ouvrage les éloges que mérite le vengeur de la consubstantialité du Fils ; c'est lui qui nous rapporte les conquêtes qu'il fit sur l'erreur.

Mais une érudition profonde, soutenue par un zèle brûlant pour la vérité, ne furent pas les seules voies par où notre saint se rendit illustre. Le glorieux assemblage de toutes les vertus chrétiennes le fit respecter des nations; sa charité fit qu'il se regarda toujours comme débiteur à l'égard de tout le monde. Les pauvres trouvèrent dans son sein paternel leur subsistance, les nus y trouvèrent des vêtements, les affligés trouvèrent leur consolation dans sa bonté et dans ses visites. Il aima les fidèles jusques après leur mort, et sa charité ne lui permit jamais d'omettre aucune des œuvres de miséricorde à leur égard : toujours plein de charité, il se rendit agréable aux yeux des hommes, et plus encore aux yeux de Dieu. Au même temps qu'il vainquait les ennemis de l'Eglise, il s'appliquait à se vaincre soi-même : il soumit son corps à ce que la pénitence a de plus austère ; il le réduisit en servitude à force de jeûnes, de veilles et de mortifications ; il savait user de son autorité contre les rebelles, autant que de sa bonté envers les âmes pieuses ; il menait son peuple à la perfection par ses instructions saintes, et l'y fortifiait par ses exemples ; il le rendait irrépréhensible à force de se montrer irrépréhensible lui-même. Chargé d'années et plein de gloire et de bonnes œuvres, il alla jouir de son Dieu ; et une infinité de miracles rendirent, après sa mort, un authentique témoignage à sa sainteté : il chassa les démons des corps des possédés, il guérit plusieurs malades, et les habitants d'Agen trouvèrent toujours en lui un prompt secours, lorsqu'ils l'invoquèrent dans les calamités publiques dont les affligeait l'intempérie des saisons. On rapporte qu'un ouvrier ayant voulu finir, le jour de sa fête, un ouvrage qu'il avait commencé, ses mains se collèrent sur ses outils, et il sentit cette punition jusqu'à ce que, pénétré de douleur de sa faute, il en vînt gémir sur le tombeau du saint, et promettre de célébrer à l'avenir plus religieusement sa fête.

Heureux le peuple qui jouit de la protection d'un si grand saint, plus heureux encore s'il imite ses exemples : prions-le comme notre protecteur, mais aussi suivons-le dans sa piété comme notre modèle. Il a eu les ennemis de la foi à combattre, et il les a vaincus : hélas ! combien avons-nous à vaincre d'ennemis de notre salut ! Nos passions tournent sans cesse autour de nous ; ces tyrans cherchent à se rendre maîtres de nos cœurs : apprenons à les dompter, comme saint Phebade, par les saintes austérités du jeûne, de la pénitence, de la mortification et par la ferveur de nos prières. Aimons le prochain comme il l'a aimé, haïssons-nous nous-mêmes comme il s'est haï. Grand saint, nous nous félicitons mille fois le jour du bonheur que nous avons d'être sous votre tutelle. Nous admirons l'ordre de la divine Providence dans ce que le sort semble avoir fait pour nous. Oui, c'est la main du Seigneur qui conduisit vers nous ces anciens fanatiques qui nous portèrent le précieux trésor que nous révérons pour nous faire jouir de la protection d'un si grand saint. Grand Dieu, nous vous en bénissons; et vous, digne ami de ce grand Dieu, intercédez sans cesse auprès de lui pour ce peuple qui possède vos précieuses reliques. Opérez en leur faveur des prodiges pareils ou plus grands encore que ceux que vous fîtes chez les fidèles qui eurent les premiers le bonheur de vous posséder. Fortifiez en nous la foi du mystère incompréhensible qui nous fait adopter trois personnes consubstantielles dans l'unité d'un seul Dieu, comme vous la fortifiâtes chez les anciens habitants d'Agen. Bannissez le péché de nos âmes, chassez-en les démons, comme vous les chassâtes des corps des possédés; fortifiez-nous dans nos faiblesses ; obtenez-nous de fertiles moissons, si l'abondance doit contribuer à notre salut. Grand saint, écoutez les prières de vos enfants, qui trouvent une gloire particulière à vous avoir pour avocat et pour père, et qui se proposent de se rendre dignes de votre protection, autant en imitant ce qu'ils peuvent imiter dans votre piété, qu'en respectant ce qui est au-dessus de leur portée.

HYMNUS.

Salve, Doctor veritatis,
Phebade sanctissime,
Salve, custos castitatis,
Defensor Ecclesiæ;
Ora, nec sit usquàm satis,
Christum Regem gloriæ.
   Audi preces filiorum
Ad te concurrentium,
Tolle procul miserorum
Dolores gementium;
Charitate, servulorum
Ure corda supplicum.
   In hâc viâ peregrinus,
Tutor eras pauperum,
Consolatrix viduarum,
Levamen debilium;
Cunctis bonus, cunctis carus,
Cunctos trahens ad Deum.

1.

Bino modo profuisti,
Tibi datis plebibus.
Mentes, Doctrinâ nutristi,
Roborasti precibus,
Vestes, escas ministrasti,
Inopum corporibus.

Arianos obruisti
Veritatis pondere,
Et rebelles pessundasti
Rationum robore,
Aberrantes reduxisti
Ad sinum Ecclesiæ.

Ne desereres errantes,
Pastor, oves teneras,
Ut monstrares latitantes
Luporum versutias.
Ne videsses pereuntes
Quos Christo pepereras.

Vice tuâ sanctum ducem
Elegisti populo,
Verbo et opere potentem,
Dignum te, dignum Deo,

Qui nutriret carum gregem
Veritatis pabulo.

Cursum tandem consummasti,
Consumptus laboribus,
Clarus fide quam servasti,
Clarus et operibus,
Ad sacras sedes migrasti,
Coruscans virtutibus.

Recordare, pater pie,
Hujus loci civium,
Custos sancte, prorsus pelle
Omne nefas demonum.
Fuga procul ab hâc plebe,
Quidquid timet noxium.

Sit honor, sit laus perennis
Patri, Proli, Flamini,
Qui nobis, meritis sacris
Phebadi sanctissimi,
Gloriam regni cœlestis
Det in fine sæculi. Amen.

℣. Amavit eum Dominus et ornavit eum;

℟. Stolam gloriæ induit eum.

OREMUS.

Omnipotens sempiterne Deus, qui hunc diem nobis in honorem beati Phebadi, confessoris tui atque pontificis, consecrasti, tribue, quæsumus, nobis, ut sicut Fidei Catholicæ fortissimus extitit assertor, ità apud te sit pro nobis assiduus exorator. Per Dominum, etc.

www.ingramcontent.com/pod-product-compliance
Lightning Source LLC
Chambersburg PA
CBHW071440060426
42450CB00009BA/2260